Bibliographic information published by the German National Library:

The German National Library lists this publication in the National Bibliography; detailed bibliographic data are available on the Internet at http://dnb.dnb.de .

Imprint:

Copyright © 2018 GRIN Verlag
Print and binding: Books on Demand GmbH, Norderstedt Germany
ISBN: 9783668648258

This book at GRIN:

https://www.grin.com/document/388017

José Raúl Pérez Martínez

Diversos tipos y formas de virus informáticos. Formas de protegerse de estas amenazas

GRIN Verlag

GRIN - Your knowledge has value

Since its foundation in 1998, GRIN has specialized in publishing academic texts by students, college teachers and other academics as e-book and printed book. The website www.grin.com is an ideal platform for presenting term papers, final papers, scientific essays, dissertations and specialist books.

Visit us on the internet:

http://www.grin.com/

http://www.facebook.com/grincom

http://www.twitter.com/grin_com

Título: Diversos tipos y formas de virus
informáticos. Formas de protegerse de
estas amenazas

Title: Various types and forms of informatic
viruses. Ways to protect yourself from
these threats.

José Raúl Pérez Martínez

RESUMEN (en Español – in Spanish):

El presente estudio constituye un ensayo académico dirigido a conceptualizar y describir los tipos más conocidos y agresivos de virus informáticos que en la actualidad afectan tanto a las redes de computación como a las estaciones de trabajo. El ensayo se adentra en la clasificación de estos virus, sus diversas formas de acción, los daños que pueden esperarse de semejantes amenazas informáticas, las técnicas que emplean estos virus para propagarse, así como ocultarse y realizar sus actividades maliciosas. Se abordan, además, las operaciones y procedimientos básicos que debe tener en cuenta todo aquel usuario que desee mantener sus medios de cómputo en buen estado técnico y libre de estas amenazas que pululan en internet tanto como en nuestras redes locales, ambientes sociales, de trabajo y de estudio.

Palabras claves: virus, virus informáticos, redes, tipos de virus informáticos

Abstracts **(in English – en Inglés)**:

The present study is an academic essay aimed at conceptualizing and describing the most known and aggressive types of computer viruses that currently affect both; computer networks and work stations. The essay goes into the classification of these viruses, their various forms of action, the damage that can be expected from such computer threats, the techniques used by these viruses to spread, as well as hiding and performing their malicious activities. The author of this essay also refers to the basic operations and procedures that must be taken into account by any user wishing to keep their computing resources in good technical conditions and free from these threats that swarm on the Internet as well as in our local networks, social, work and study environments.

Keywords: virus, computer viruses, networks, types of computer viruses

Contenido

INTRODUCCIÓN:

Tal y como a los seres humanos nos ocurre a menudo, las computadoras personales también pueden padecer de "gripe", o sea, que ellas también pueden "enfermarse" debido a la introducción de un virus en sus sistemas automatizados. En del actual siglo XXI, la palabra "virus" ha adquirido connotaciones inusitadas y muy diversas; nos referimos a que la foto de un determinado artista de cine o televisión fue objeto de una difusión viral a través de las redes sociales, lo mismo puede suceder con el discurso de un político o figura pública determinada. Cuando amanecemos con cierto malestar general, algo de fiebre o cierta secreción nasal sospechosa, llamamos a nuestra empresa para reportarnos enfermos porque "pescamos un virus".

El término Virus muestra un origen latino, cuyo significado es "veneno" o "sustancia dañina". Los virus que afectan tanto a los seres humanos como a un sinnúmero de animales o plantas, son partículas diminutas que se introducen, habitan y se reproducen en estos seres vivos, y que sólo pueden visualizarse por medio de microscopios electrónicos de alta potencia. Estos microorganismos se

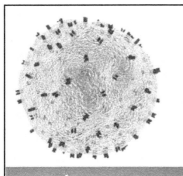

nutren de las células vivas pertenecientes al organismo que les sirve de hospedero, se multiplican con extraordinaria rapidez y emplean los propios mecanismos de las células sanas para reproducirse, por lo general, las células se destruyen en el proceso, y éste se repite una y otra vez. [1]

Resulta muy fácil encontrar puntos de contacto o similitudes entre los virus biológicos y los virus informáticos; ambos pueden ser parásitos presentes en un huésped u hospedero, en ambos casos se aprecia reproducción acelerada del agente infectante y la presencia de estos "elementos" generan signos y síntomas identificables, así como daños que se pueden detectar y cuantificar.

El virus informático constituye, en todos los casos, una amenaza programada, o sea, es un breve segmento de código o minúsculo programa intencionadamente escrito, que persigue los objetivos de instalarse en la computadora de un usuario sin la autorización o aprobación de este. Al virus se le califica de programa parásito debido a que este ataca a los archivos o al sector de "arranque" del sistema (entre otros puntos) y se replica a sí mismo para continuar su propagación. Algunos virus se limitan solamente a replicarse, mientras que otros pueden producir serios daños que pueden afectar a los sistemas automatizados. No obstante, absolutamente todos disponen de rutinas de propagación dirigidas a garantizar su permanencia y propagarse. [2]

DESARROLLO:

Los virus informáticos están provistos, por lo general, de tres módulos que ejercen funciones diferentes y que no están presentes en la totalidad de las variantes virales, estos son: [2]

> Módulo de reproducción: Es el encargado de manejar las rutinas de "parasitación" de entidades ejecutables (o archivos de datos, en el caso de los virus macro) a fin de que el virus pueda ejecutarse de forma oculta intentando pasar desapercibido ante el usuario. Pudiendo, de esta forma, tomar control del sistema e infectar otras entidades, lo cual torna factible la posibilidad de traslado de un ordenador a otro a través de algunos de estos archivos.

> Módulo de ataque: Este módulo es optativo. En caso de estar presente es el encargado de manejar las rutinas de daño adicional del virus. Por ejemplo, algunos virus, además de los procesos dañinos que realizan, poseen un módulo de ataque que por ejemplo se activa un determinado día. La activación de este módulo, implica la ejecución de una rutina que implica daños dispares en nuestro ordenador.

> Módulo de defensa: Este módulo, como su nombre indica tiene la misión de proteger al virus. Su presencia en la estructura del virus es optativa, al igual que el módulo de ataque. Sus rutinas apuntan a evitar todo aquello que provoque la eliminación del virus y retardar, en todo lo posible, su detección.

El comportamiento de los virus informáticos no es coincidente en todos los casos, su forma de acción dependerá casi enteramente del tipo de virus del que se trate, así como de las técnicas y rutinas que dicho programa tenga incorporadas en sus módulos de reproducción, ataque y defensa, así como las técnicas de ocultamiento, diseminación a través de las redes y subsistemas diana que utilice el virus en cuestión. Es por las razones antes explicadas que existen varias categorías diferentes de virus. A continuación se relacionan y explican algunos de los tipos más frecuentes de virus informáticos.

Virus residentes:

Así se les denomina a aquellos virus informáticos que se valen de algún ardid tecnológico para ser cargados en la RAM (random access memory o memoria de acceso aleatorio de la computadora) y permanecen ocultos allí con el objetivo de interrumpir las operaciones ejecutadas por el sistema operativo, así como dañar e infectar los archivos y programas que se ejecuten o se cierren, entre otras operaciones. Una vez ejecutado el programa portador del virus, este permanece en la memoria de la computadora hasta que la misma se apague. Algunos ejemplos de virus informáticos residentes: Randex, CMJ, Meve y MrKlunky. [3]

Los Troyanos:

El troyano es aquel que se disfraza de programa útil y funcional (un reproductor de audio y video, por ejemplo), transmite la apariencia de ser un software que ejerce una función beneficiosa o productiva para el usuario, mientras en secreto el programa realiza funciones no deseadas por el usuario y potencialmente adversas para el estable funcionamiento del sistema operativo, así como para el estado de la información contenida en el ordenador. Semejantes actividades solapadas discurren de manera transparente al usuario, quien no se percata de inmediato de lo que está sucediendo.

Un troyano no se replica, ni se copia a sí mismo, sino que debe ser enviado por una persona o descargado por el propio usuario desde un sitio web no confiable. Los troyanos pueden estar diseñados, entre otros muchos objetivos, para proporcionarle a otros ordenadores no autorizados un medio ilegal de acceso al equipo donde el virus está realizando sus acciones maliciosas, sin pasar por los controles normales de acceso. [3]

Los Worms o gusanos:

Los gusanos son programas que se replican a sí mismos de sistema a sistema sin utilizar un archivo para hacerlo. En esto se diferencian de los virus, que necesitan extenderse mediante un archivo infectado. Un gusano informático es un programa independiente capaz de distribuir copias de sí mismo a otros sistemas informáticos (normalmente a través de conexiones de red). Su objetivo es simplemente el de autoreplicarse y no el de causar daños. Introducen caracteres basura en pantalla, documentos y archivos de trabajo, también son capaces de aprovechar los agujeros de seguridad de programas de correo electrónico para infectar los ordenadores [4], es por esa razón que parchear los sistemas operativos de manera periódica es un proceder tan necesario para mantener nuestros sistemas automatizados mucho más sanos y seguros.

Virus Macro:

Esta modalidad de virus informático representa aproximadamente el 80% de la totalidad de los virus presentes en el mundo y funcionan con total independencia del sistema operativo utilizado, lo cual les aporta versatilidad y compatibilidad con los más diversos ambientes informáticos. Los macro-virus son pequeños programas escritos en el lenguaje propio de un programa. Así nos podemos encontrar con macro-virus diseñados para editores de texto, hojas de cálculo y utilidades especializadas en la manipulación de imágenes (procesadores de imágenes), entre otros softwares. Los virus macro realizan infecciones sobre los ficheros que se han creado con estas aplicaciones o programas, como editores de texto, gestores de base de datos, programas de hoja de cálculo, entre muchos otros. Este tipo de virus se activa al abrir un archivo infectado dentro del procesador de texto o planilla de cálculo y normalmente se extienden a otros documentos similares. [4]

Los virus polimórficos:

Un virus polimórfico, ejecuta transformaciones en su firma digital cada vez que se replica, reproduciéndose mediante la generación de varios archivos de sí mismo, este proceder dificulta su detección por parte de los antivirus. El uso de mecanismos múltiples y diferentes de encriptación o codificación de su propio contenido, empleando diversos algoritmos y claves de cifrado cada vez que infecta un sistema, torna casi imposible su localización haciendo uso de las búsquedas de cadenas o firmas, lo cual le aporta al virus más tiempo y posibilidades para generar un gran número de copias de sí mismo. Como ejemplos de estas amenazas informáticas se encuentran: Elkern, Marburg, Satan Bug, y tuareg. [5]

Bombas lógicas o de tiempo y virus de sobrescritura [3]:

Estos son los virus que están programados para iniciarse en una fecha específica o cuando ocurre un evento específico. Algunos ejemplos de estos son los virus que borran tus fotos en Halloween, o un virus que elimina una tabla de base de datos si un determinado empleado es despedido.

Se trata de una forma de virus muy particular, que puede permanecer inactivo por un tiempo indeterminado en espera de que una o varias condiciones tengan lugar. En función de ese suceso cierto el virus desencadena su acción perjudicial, ya sea eliminando información valiosa del ordenador o causando daños al funcionamiento y la estabilidad del sistema operativo.

En el caso de los virus de sobrescritura:

Los Virus informáticos de este tipo se caracterizan por el hecho de que borran la información contenida en los archivos que resultan infectados, tornándolos parcial o totalmente inútiles una vez que estos han sido infectados. La única manera de limpiar un archivo infectado por un virus de sobrescritura es eliminar el archivo por completo, perdiendo así el contenido original. Como ejemplo de estos malévolos programas tenemos a los siguientes: Trio, Trj.Reboot, Trivial.88.D.

En el combate de este tipo de virus resulta particularmente útil disponer de copias frescas de seguridad de los archivos útiles presentes en los ordenadores, particularmente importantes son los archivos de trabajo, documentos de Microsoft Word, Excel, entre muchos otros. Esto obedece a que los sistemas operativos y programas pueden ser reinstalados desde sus correspondientes bancos de instalaciones, pero los archivos resultantes del trabajo del usuario no podrán ser reemplazados a menos que se disponga de copias actualizadas de los mismos. Los mencionados bancos de instalaciones de software también son de extrema importancia para lograr una rápida recuperación después de haberse provocado un fallo fatal del sistema operativo y/o de la red local.

Como prevenir los virus informáticos

De la misma forma en que no existe un solo sistema operativo, red informática o estación de trabajo a prueba de virus, también es cierto que se pueden minimizar los efectos de estas amenazas, teniendo en cuenta un conjunto de normas y reglas básicas, entre ellas están las siguientes:

➤ No conecte a su computadora ningún medio externo procedente de fuentes no confiables. Si está obligado a proceder así, chequee primero el contenido de este medio con el auxilio del antivirus presente en su sistema.

➤ Asegúrese de que su antivirus se encuentra debidamente instalado, actualizado y configurado de forma tal que obtenga de él su más óptimo desempeño.

➤ No ejecute en su ordenador ningún programa proveniente de direcciones y medios ajenos o externos a su red local empresarial/institucional. Tenga especial cuidado con esos sitios web que ofrecen programas utilitarios de uso gratuito y descarga rápida, es así como llevamos troyanos "a nuestra propia casa".

➤ Mantenga todas sus copias de seguridad de archivos de trabajo protegidas con la condición o atributo de "solo lectura", realice salvas cruzadas del contenido útil de todas sus máquinas, además de emplear soportes externos para realiza copias de seguridad periódicas de toda la información importante presente en sus máquinas.

➤ Conserve la totalidad de los compactos de instalación de sus sistemas operativos, antivirus y periféricos, así como los manuales que acompañan a los equipos adquiridos, nunca se sabe cuándo será necesario reinstalar un periférico para solucionar un problema de software.

➤ Realice revisiones profundas programadas de su ordenador y hágalo con frecuencia no menor de una vez por semana, aproveche para esto las horas en las que el equipo no estará siendo utilizado por usted, manténgase al tanto de los resultados que arrojen estos sondeos por si necesita tomar alguna acción de descontaminación o eliminación de archivos dañados o contaminados.

➤ Si su computadora de trabajo está contaminada y se encuentra conectada a una red informática, el virus se puede propagar a través de ella y puede terminar dañando otros ordenadores, incluyendo el servidor. Los ataques a nuestros medios informatizados pueden proceder de una red comprometida, por lo que es indispensable configurar a nuestro antivirus para que este se encuentre en condiciones de detectar a tiempo tales amenazas [6].

➤ Bajo ningún concepto utilice los servidores de red como estaciones de trabajo, esa no es una práctica segura [6].

CONCLUSIONES:

Es muy amplia y variada la dotación de virus informáticos que a diario circulan por Internet, estos tienen potencial de ataque y diseminación suficientes como para introducirse en nuestros soportes externos de información, infiltrarse en las redes empresariales e institucionales y llegar a nuestras máquinas de trabajo. El presente ensayo abordó, describió y conceptualizó los tipos más conocidos y agresivos de virus que en la actualidad afectan tanto a las redes de computación como a las estaciones de trabajo. El ensayo se adentró en la clasificación de estos virus, sus diversas formas de acción, los daños que pueden esperarse de semejantes amenazas informáticas y las técnicas que emplean estos programas malignos para propagarse. Se definieron un conjunto de elementos indispensables para mantener protegidos nuestros medios informáticos, en este particular ha de observarse que se trata de una serie de procederes básicos, simples y fáciles de llevar a cabo para así mantener sus medios de cómputo, redes informáticas hogareñas y ambientes laborales libres de estas amenazas virales, lo cual implica que quedarán a salvo sus valiosos archivos de trabajo, esos que tanto esfuerzo y tiempo nos cuesta crear y de los que depende el fruto de nuestra labor.

Referencias Bibliográficas:

1.- Conceptodefinicion.de. Definición de Virus [Internet]. ConceptoDefinicion Definista. 2015 [citado 17 de enero de 2018]. Disponible en: http://conceptodefinicion.de/virus/

2 - Nisu. Universitat Jaume. Concepto de virus informático [Internet]. spi1.nisu.org. [citado 17 de enero de 2018]. Disponible en: http://spi1.nisu.org/recop/al01/salva/definic.html

3.- Reparacionordenadoresmadrid.org. Tipos de virus informáticos que existen actualmente [Internet]. Data System. 2013 [citado 17 de enero de 2018]. Disponible en: https://www.reparacionordenadoresmadrid.org/tipos-de-virus-informaticos-que-existen-actualmente.html

4.- Fundacion CNSE. Tipos de Virus ¿Qué clases hay? [Internet]. fundacioncnse.org. 2007 [citado 17 de enero de 2017]. Disponible en: http://www.fundacioncnse.org/panda/clases_v.html

5.- TimpView High School. Virus [Internet]. Provo City School District; [citado 17 de enero de 2018]. Disponible en: http://www.timpview.provo.edu/wp-content/uploads/2013/05/ctviruses-spanish.docx

6.- Sociedad Cubana de Educadores en Ciencias de la Salud. Cómo evitar el ataque de virus informáticos [Internet]. Red Nacional de Enfermería Informática. 2011 [citado 10 de enero de 2018]. Disponible en: http://articulos.sld.cu/redenfermeria/2011/01/26/sobre-los-virus/

Nota del autor: Las Imágenes utilizadas en este ensayo académico se encuentran todas bajo licencia Creative Commons 0 (CC0) y han sido obtenidas en http://Pixabay.com. Las referencias bibliográficas se encuentran acotadas según Normas Vancouver.

Author's note: The images used in this academic essay are all under the Creative Commons 0 license (CC0) and have been obtained at http://Pixabay.com. The bibliographical references are limited according to Vancouver Standards.

www.ingramcontent.com/pod-product-compliance
Lightning Source LLC
LaVergne TN
LVHW080119070326

832902LV00015B/2681